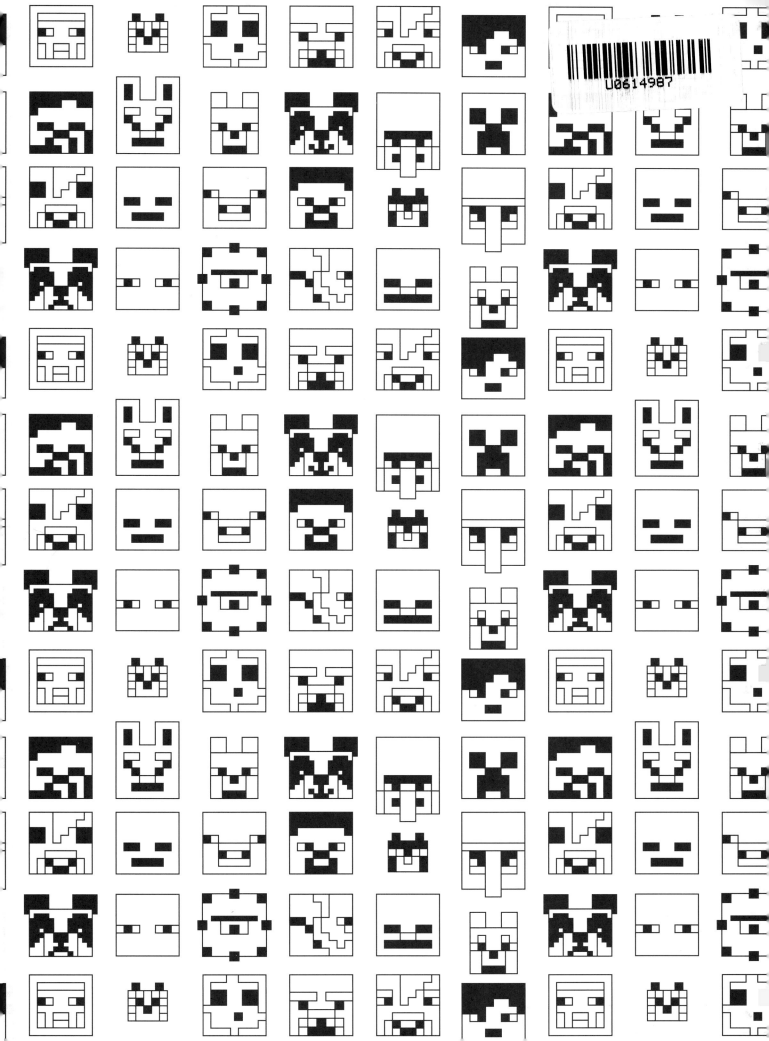

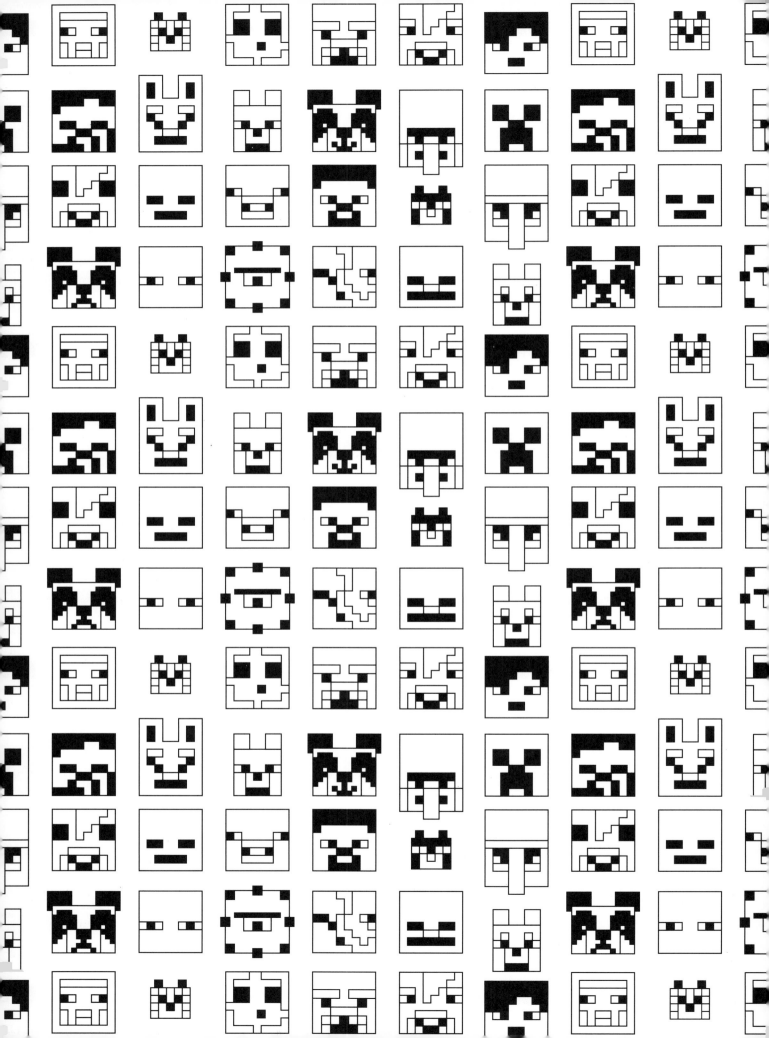

MOJANG

我的世界
MINECRAFT
年鉴2020

童趣出版有限公司编译　人民邮电出版社出版

北　京

图书在版编目（CIP）数据

我的世界年鉴. 2020 / 瑞典魔赞公司和魔赞协同公司著 ; 童趣出版有限公司编译 ; 常培丽译. -- 北京 ：人民邮电出版社，2021.1
ISBN 978-7-115-55106-1

Ⅰ. ①我… Ⅱ. ①瑞… ②童… ③常… Ⅲ. ①智力游戏—儿童读物 Ⅳ. ①G898.2

中国版本图书馆CIP数据核字(2020)第204357号

著作权合同登记号 图字：01-2020-5353

First published in Great Britain 2019 by Egmont UK Limited
The Yellow Building, 1 Nicholas Road
London W11 4AN

Written by Stephanie Milton and Jane Riordan
Designed by Paul Lang
Illustrations by Ryan Marsh
Cover designed by Andrea Philpots
Cover illustration by Ryan Marsh
Production by Stef Fischetti and Laura Grundy
Mojang office photos copyright © Tengbom
MINECON Earth photos copyright © Jason Lewis
Special thanks to Alex Wiltshire, Jennifer Hammervald, Filip Thoms, Amanda Ström and Isabella Balk.

© 2020 Mojang AB and Mojang Synergies AB. MINECRAFT is a trademark or registered trademark of Mojang Synergies AB.

本书中文简体字版由艾阁萌（英国）有限公司代理授权童趣出版有限公司，人民邮电出版社出版。未经出版者书面许可，对本书的任何部分不得以任何方式或任何手段复制和传播。

文字翻译：常培丽
责任编辑：付春怡
责任印制：李晓敏
封面设计：韩木华
排版制作：杨志芳

编　　译：童趣出版有限公司
出　　版：人民邮电出版社
地　　址：北京市丰台区成寿寺路 11 号邮电出版大厦（100164）
网　　址：www.childrenfun.com.cn

读者热线：010-81054177
经销电话：010-81054120

印　　刷：北京捷迅佳彩印刷有限公司
开　　本：889×1194　1/16
印　　张：4.5
字　　数：90 千字
版　　次：2021 年 1 月第 1 版 2021 年 6 月第 3 次印刷
书　　号：ISBN 978-7-115-55106-1
定　　价：69.00 元

版权所有，侵权必究。如发现质量问题，请直接联系读者服务部：010-81054177。

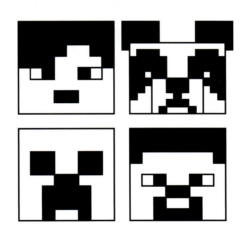

年鉴2020

你好

欢迎阅读《我的世界》2020年年鉴！我们共同度过了不寻常的一年。

2019年，我们举办了《我的世界》十周年盛典。十年时间怎么过得这么快？我们希望通过某种方式，让你能够了解你热爱的《我的世界》，并且享受这个过程。

然而，我们不仅仅是回顾过去。一直以来，《我的世界》都非常受欢迎，现在你甚至可以和地球表面任何地方的玩家一起玩这个游戏。现在，《我的世界》的影响力更大了！不过，当我在家门口发现一个令人惊奇的新社区创意作品时，我依然非常兴奋！

《我的世界》现在变成什么样了？时间的脚步从未停止。现在，在《我的世界》里，你可以养熊猫，可以参观新的村庄，还会遇见穿着全新装束的村民。针叶林中那些温暖舒适的雪屋呢？它们就在我住处的附近，这让收集战利品的过程变得更刺激了。哇！

当然，不管是在互联网、Realms（官方的订购式服务器托管服务）平台，还是在市场里，我们的团队一直都在精心制作充满创意的新产品。而你不断向我们展示《我的世界》有多大，关于它的未来，你给了我们更多的灵感。

现在是放松时间。让我们坐下来，回顾一下非常精彩的2019年，看一看令人惊叹的建筑、社区展示、热点提示和小窍门。2020年你也有事做啦！

亚历克斯·威尔特希尔
Mojang 团队

1

了解你的专家级团队

这是我们的团队,他们随时准备带领你进入《我的世界》。团队成员会在本书中不断出现,把他们所知道的一切都教给你。但是,你对他们了解多少?你和谁最有共同点?进入游戏,开启你的探索之旅吧。

斯帕克斯的
专业介绍

设计并建造一座富丽堂皇的府邸。	你在湖边发现一大片土地,你的第一反应是:	播种并创建一座壮观的农场。

斯帕克斯

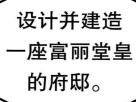

像斯帕克斯一样,你也对建造充满热情。当你可以建造出一座令人惊叹的堡垒,并躲藏起来、避开危险时,何必要冒险出去面对敌对生物呢?无论是建造舒适的小屋、巨大的桥梁,还是建造红石电路——对建筑师斯帕克斯来说都是小菜一碟。

蒙蒂

像蒙蒂一样,你也被自然界深深地吸引。对你来说,种植植物、辨认生物和驯服动物,都不在话下。实际上,蒙蒂对植物和动物的研究是非常认真的——特别是当植物和动物对他来说是一顿美餐的时候!

从这里开始

对你来说，哪个词能概括《我的世界》呢？

创造

生存

寻找食物，然后出去探险。

夜幕降临，你打算——

专心地制造重要的武器。此时战斗正在进行。

贝尔

你和贝尔一见如故。事实上，你将从高处的窗户里跳出来，落地时却安然无恙！没有什么比在夜晚出去冒险更让你兴奋。你用拳头猛击木头，一个苹果就会掉下来；吃掉它，你就能恢复体力！至于贝尔嘛，逢山开路，遇水搭桥。熔岩呢？当然也能安然渡过喽。所有困难都难不倒贝尔！

斯科特

面对危险，你和斯科特始终面带笑容。斯科特全副武装，时刻准备战斗。面对敌人，斯科特总是怒目而视（当敌人是末影人时，这么做可不妥当）！斯科特从不躲藏，除非她在清点她的武器库！

《我的世界》十年历程

你知道2019年是《我的世界》问世十周年吗？这真值得庆贺！让我们一起回顾过去的十年，铭记《我的世界》发展历程中那些激动人心的时刻吧。

斯帕克斯的专业介绍

2009

《我的世界》问世

2009年，马库斯·阿列克谢·泊松（用户名Notch）开始致力于构思他的"洞穴游戏"。他甚至辞掉了工作，以便全身心地投入研究。5月17日，当游戏正式发布时，他将游戏的名称改为Minecraft（中文译为我的世界）。

游戏中增加了矿车和红石

玩家现在可以创建矿车系统，旅行的速度变得更快了。游戏中还增加了红石，这意味着玩家可以制作他们自己的装置，比如自动门。

2010

《我的世界》的演变

《我的世界》开启生存测试版本，并增加了会爆炸的苦力怕。接下来，游戏进入了开发阶段，这个阶段的版本号是Minecraft Indev（全称In Development，意思是开发中）。允许社区测试添加几种新的特性，比如合成配方和熔炉的使用。

2011

增加下界维度

此时，玩家可以在两个维度中玩这款游戏。不过，无论是主世界还是下界，都危险重重，充满挑战！

Minecraftcon

Notch通过博客发出邀请，50名热心的《我的世界》玩家自发组织的非官方玩家聚会在美国华盛顿州举行。这次聚会被称作Minecraftcon。

Minecon 2010

2010年，在《我的世界》服务器上举办了第一届《我的世界》官方年度盛会——Minecon 2010。

《我的世界》多人游戏模式正式开启

从此刻开始，玩家可以与朋友们一起玩，一起建造，一起生存。

《我的世界》注册用户达到10万

MOJANG AB正式成立

发布第一个游戏主机版本

《我的世界》在Xbox 360平台上发布。在发布之初的24小时内，共卖出40万份。这一年，还发布了第一批皮肤包。

《我的世界》狂潮席卷YouTube

截至2013年5月，已有400多万个关于《我的世界》的视频被上传到YouTube视频网站。

Minecon 2012

Minecon 2012于2012年11月24日至25日在巴黎迪士尼乐园举行，与会者共有4500人。

发布红石更新版本

红石更新版本增加了几种新的方块，包括激活铁轨、阳光传感器、比较器和测重压力板。

发布马匹更新版本

马、马铠和干草块这些新加入的元素使旅行变得更容易了。

改变世界的更新

此次更新引入了一些新的生物群系，包括平顶山生物群系、繁花森林生物群系和深海生物群系，同时还增加了两种树和三种鱼。

发布《我的世界》PlayStation 3版

Minecon 2013

Minecon 2013在美国佛罗里达州奥兰多市举行，共有7500名与会者。

2013

发布"骇人更新"

此次发布的是"骇人更新"，除了新增加的沼泽女巫、蝙蝠、僵尸村民、凋灵骷髅外，还新增了新的Boss生物——凋灵。

乐高正式发布《我的世界》积木套装

乐高公司宣布推出《我的世界》积木套装。2012年2月，乐高公司透露，第一套《我的世界》积木叫作《微缩世界》，将于6月面世。

增加丛林生物群系

游戏中增加了丛林生物群系，同时增加了豹猫、猫和铁傀儡。

2012

游戏开发者选择奖

在游戏开发者选择奖颁奖典礼上，《我的世界》荣获最佳首次亮相游戏奖、最值得下载游戏奖和创新奖。

《我的世界》注册用户突破1000万

正式发布安卓版《我的世界》

冒险元素的更新

游戏中增加了末影人、蠹虫、洞穴蜘蛛以及村庄、要塞和废弃矿井。增加了末地维度，同时增加了《我的世界》中第一只Boss生物——末影龙。

Jeb成为《我的世界》首席开发者

Notch离开后，Jeb接任《我的世界》首席开发者。

Minecon 2011

2011年11月18日，Minecon 2011在美国内华达州拉斯维加斯市的曼德勒湾举行。

2014

《我的世界》发布 Playstation Vita 版、Xbox One版和 PlayStation 4版

在全球范围内推出 Realms服务

这一年，《我的世界》玩家可以和朋友们在Mojang运营的服务器上一起玩啦。

缤纷更新版本发布

《我的世界》增加了旗帜、史莱姆、全新类型的石头、海底遗迹和兔子这些新元素，玩家都可以使用。另外，加入了新的亚历克斯皮肤。

2015

《我的世界：故事模式》第1章发布

《我的世界：故事模式》衍生剧由Telltale Games制作，在PC/Mac、Xbox、PlayStation平台以及iOS、Android和Fire OS操作系统上发布。截至2016年第一季度，该剧已播出7集。

适用于WII U和 Windows 10的 《我的世界》发布

2016

Minecon 2015

Minecon 2015 在伦敦举行，与会者超过1万人，打破了单次游戏大会观众数量的世界纪录。

儿童选择奖

在儿童选择奖颁奖典礼上，《我的世界》获得最具吸引力游戏奖。

全新改版的《我的世界》网站上线运行

《我的世界》教育版发布

《我的世界》的这个版本是专门为课堂教学而设计的。学生们能够通过它来一起解决问题、建立项目。在科学、数学和技术方面，《我的世界》教育版的优势尤其明显。

战斗更新版本发布

游戏中添加了双持机制、药箭和盾牌。此时，在末地的战斗变得更有挑战性，末地城出现了，同时鞘翅和充满敌意的潜影贝也出现在游戏中。

登上《时代周刊》最佳电子游戏榜

《我的世界》在《时代周刊》最佳电子游戏排行榜上排名第六。

MINECRAFT DUNGEONS

《我的世界》活跃用户达7400万

水域更新版本发布

这次更新让《我的世界》的海洋焕发了生机。增加了海豚、海龟和三叉戟，还有在Minecon Earth 2017中被选中的怪物幻翼。

Minecon Earth 2018

2018年9月29日，MineCon Earth 2018在Minecon官方网站上举办了在线直播。

《我的世界：地下城》发布

《我的世界：地下城》是Jeb在Minecon Earth 2018上发布的一款新游戏。这个地下城的特点是有全新的地点、非比寻常的怪物和极具挑战性的Boss生物。

多彩世界更新版本发布

这次更新为《我的世界》带来了许多彩色方块，包括混凝土和带釉陶瓦，同时还增加了鹦鹉。

《我的世界》任天堂 Switch版发布

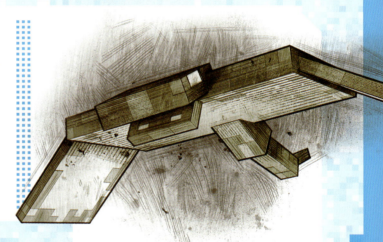

霜炙更新版本发布

这个版本增加了3种新的生物——流浪者、尸壳和北极熊。在沼泽和沙漠生物群系中加入了化石和一些新的方块，包括熔岩块和下界疣块。

Minecon 2016

Minecon 2016于2016年9月24日至25日在美国加利福尼亚州安纳海姆举行。

第一届 Minecon Earth举行

Minecon全新升级为Minecon Earth。盛会在美国西雅图进行了现场直播，全世界的玩家都可以在家中观看。粉丝们投票选出了加入到《我的世界》中的新的生物！在备选的4种生物中，幻翼胜出。这样的事前所未有。

海洋生存挑战

《我的世界》中的海洋曾经是个安静的地方，什么事情都没发生过。如今，无论是海豚还是溺尸，都把海洋当成了自己的家园。你准备好测试你的技能了吗？完成每一个挑战，成为海洋的主人！

和贝尔一起
迎接生存挑战

❶ 酿造药水

在你潜水之前，用粗制药水和一只河豚来酿造水肺药水——它能让你在水下呼吸。用粗制药水和金胡萝卜酿造夜视药水——它能帮助你看清水下的一切。

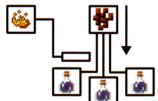

粗制药水的合成配方

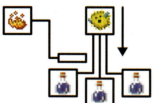

水肺药水的合成配方

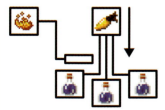

夜视药水的合成配方

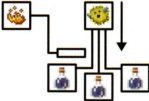

金胡萝卜的合成配方

❷ 给你的装备附魔

使用附魔台，给你的盔甲附魔深海探索者。在水下，你的移动速度会变慢。深海探索者是一个用于盔甲的魔咒，可以帮助你更快地在水下移动。给你的头盔附魔水下呼吸。水下呼吸是一种用于头盔的魔咒，能延长水下呼吸的时间（水下呼吸分3个等级）。

给铁靴子附魔深海探索者

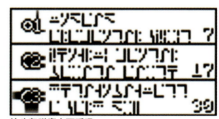

给头盔附魔水下呼吸

③ 潜水

在背包里装满食物和武器，以及你刚刚酿造的药水。穿上崭新的附魔盔甲。制作一艘船，乘船从陆地出发吧，直到你驶入海洋中央，然后潜入海中！

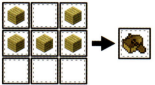

船的合成配方

④ 得到三叉戟

找到一个手持三叉戟的溺尸。三叉戟是一种有价值的武器，可以让你更容易在水下生存。对溺尸连续挥剑，直到打败它。溺尸会掉落三叉戟，这样你就可以把三叉戟据为己有了。

⑤ 给三叉戟附魔

三叉戟可以附有4种魔咒。如果你投掷三叉戟，忠诚魔咒会使它回到你手中。对海豚、远古守卫者、鱼、守卫者、鱿鱼、海龟和玩家来说，穿刺魔咒每击可以造成2.5点生命值的额外伤害。如果遇到雷雨，引雷魔咒能召唤闪电。附有激流魔咒的三叉戟在水中或雨中被投出时，会推动玩家前进一段距离。

⑥ 找到海龟

注意观察沙滩，海龟喜欢成群结队地在温暖的沙滩上产卵。寻找小海龟——当它们成为成年海龟时，会掉落一种叫作鳞甲的特殊物品。5片鳞甲可以合成1个海龟壳——海龟壳可以作为头盔使用。戴上它，你就能在水下呼吸。

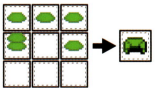

海龟壳的合成配方

7 建造基地

现在，你可以享受建造水下基地的乐趣了。绿色的染色玻璃圆顶看起来真不错，它也可以让你留意周围的环境。你必须时刻提高警惕！

8 寻找藏宝图

这些藏宝图就藏在水下废墟和沉船中的箱子里，它们会引导你找到埋藏的宝藏。水下废墟是由石砖或砂岩构成的，在海洋里随处可见。通常可以在水下发现沉船，但有时沉船也会出现在海滩上。

9 寻找海洋之心

根据找到的藏宝图，你将找到一个埋藏的宝箱。它通常被埋在海滩上，但有时你会在海底找到。在宝箱里面，你可以发现一种叫作海洋之心的稀有物品，可以用它来合成潮涌核心。潮涌核心有点儿像信标，可以帮助你在水下生存。

🔟 合成潮涌核心

在合成潮涌核心之前，你得先去钓鹦鹉螺壳。只要攒够8个鹦鹉螺壳，你就可以合成一个潮涌核心——这是一种功能强大的方块，能给你带来潮涌能量的状态效果。这种状态效果可以帮助你在水下呼吸，带来水下夜视效果，并加快你的水下挖掘速度。

潮涌核心的合成配方

1️⃣1️⃣ 激活潮涌核心

你需要将潮涌核心放置在水下基地旁边。要激活潮涌核心，必须让潮涌核心位于3x3x3的水立方体中间。然后，潮涌核心和周围的水需要被封闭在由1~3个圆环组成的启动框架中。启动框架由海晶石、暗海晶石、海晶石砖和海晶灯组成。潮涌能量状态效果从潮涌核心延伸出来，为半径32~96格范围内接触到水的玩家提供潮涌能量状态效果。具体范围取决于启动框架有几圈。

沉船基地建造挑战

既然你已经知道如何在水下生存，那就开始建造一个宏伟壮观的水下基地吧。我最喜欢做的事就是找到一艘令人感到悲哀的、孤零零的沉船，然后把它变成一个色彩鲜艳、功能齐全的水下基地。你想试试吗？

和斯帕克斯一起建造

1 潮涌核心结构

合成、激活潮涌核心，并为它找到合适的位置后，就可以设计潮涌核心结构了。这是我的最爱——一只由混凝土、染色玻璃和海晶石构成的巨型水母！想要了解相关教程，请参阅第15页。

2 入口

在沉船前面放置一扇或两扇木门，然后建一条通往沉船的小隧道，这样你就可以进出基地了。门不会漏水。别担心！

3 珊瑚公园

为什么不用色彩鲜艳的珊瑚为你新建的沉船基地周围增添一些色彩呢？这些珊瑚有个响亮的名字——脑纹珊瑚！我最喜欢它们了。

4 方块

我用木板、彩色混凝土方块、珊瑚和玻璃来扩建沉船。使用大量的玻璃方块，让光线透进来，这样你就能看到基地外的海洋了。

5 移除水体

你可以用海绵块把所有的水从你的基地吸走——只需将它们在基地内四处摆放，直到它们吸收了所有的水为止。聪明吧？

6 灯

将夜视药水保存起来，以备不时之需——用海晶灯、火把或荧石照亮你的基地。

7 内部空间

为了与船上的天然材料保持一致的风格，我用木板来做地板。我还在内部放了一些有用的东西，比如工作台、熔炉、床和箱子。这里可真舒服！

水母状潮涌核心结构

 时间：0.5小时 **1** **2** ⬡ ⬡ ⬡ 难度：容易

你是否需要一些帮助，来建造你的水母状潮涌核心结构？可以用这个分解图来帮助你了解水母状潮涌核心的细节。它看起来非常棒，你的朋友肯定会认为这是真的水母！

和斯帕克斯
一起建造

**建造
小提示**

水母通常颜色鲜艳，所以我用最浅的粉红色和蓝色染色玻璃来建造它。别忘了后面的触手呀！

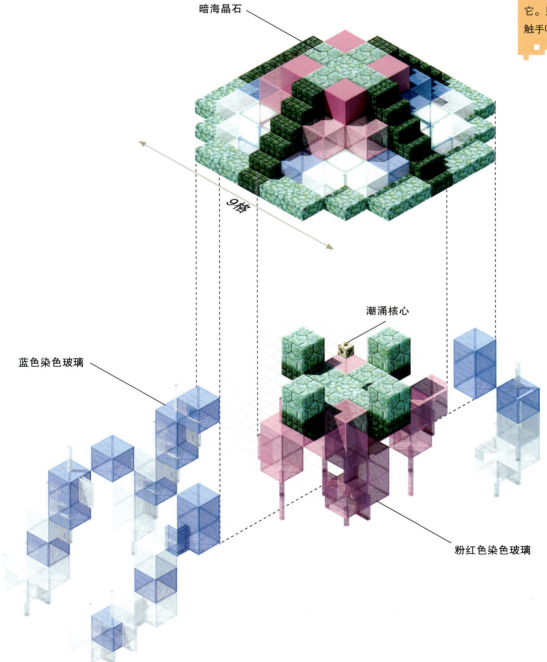

暗海晶石

9格

潮涌核心

蓝色染色玻璃

粉红色染色玻璃

Realms-Java版

我喜欢通过Java版的Realms来寻找灵感——它有令人惊叹的地图、小游戏和丰富的体验！所有的东西都是由才华横溢的团队创建的，而且在持续更新。以下这些是过去的一年我最喜欢的内容。

斯科特的
专业介绍

幻翼跑酷
作者：IWACKY

> 想象一下——你困了，想上床睡觉，但一些不知从何而来的可怕的幻翼突然出现，想要杀死你。如果你喜欢幻翼，并且希望它们体形更大些，那你的死期就到了。幻翼跑酷为你量身定制！你可以单独玩这个小游戏，也可以和朋友们一起玩。你的目标非常简单，就是跑得快一些，千万别被那只凶猛的生物抓住。你要擅长跨越鸿沟，在黏液块上弹跳，始终跑在前面。否则，你就将成为幻翼的美餐。

马克·沃森
《我的世界》内容经理

夺旗王者
作者：VERTEX CREATIONS

玩这个游戏的目的是为你的团队赢得积分。选择三种技能，然后尝试控制竞技场的中间位置并赢得积分。确保对手不得分的要诀，就是把他们从中间位置推开。在市场升级你的武器，捕获旁边的信标，给你的队伍创造优势。

失踪的三明治II
作者：ELECTROBLEACH,
GENERICALLYNAMED 和
MEEPY 12

　　在这个游戏中，你最好的朋友皮克尔博士想做出有史以来最美味的三明治，但恶棍利夫曼偷走了它。

　　你能帮博士把它找回来吗？为了寻找三明治，你必须穿过洞穴、卷心菜村、Foodersnichelz墓地，最后来到利夫曼的神庙。

洞穴
作者：LETZTACO 和
ELIME5

　　这个游戏的目的是逃出洞穴，重获自由。然而洞穴里有很多奇怪的角色和难以克服的困难。游戏起点是监狱，你得解决几个难题，并击败一个疯狂的巫师及他的仆从，才能离开。

回溯
作者：GRMPFHCGAMES

　　当你在这座迷宫中前进时，你要收集方块和物品，以便修建道路，到达下一个地点。有些时候，你需要返回，找出使用方块和物品的新方法，然后重新修建道路。

传送不速之客
作者：DIEUWT

在这个游戏中，你被困在一家工厂的传送带上。如果你被各种各样有毒的东西砸中，你就会从传送带上掉下来。所以必须避开它们。增益道具将会帮助你在传送带上站稳。

发条
作者：SWIFTER

这张迷宫图的玩法是跳到正在消失和再次出现的方块上。前几关很简单，之后会变得越来越难。你会遇到幽灵方块、能远距离传送的方块，还有你甚至可以游过去的方块。

平铺 2
作者：REDSTONEJUNKIES

这个游戏的目的是用团队的方块填充你的房间（每个团队有不同的颜色）。如果你想击败对手，就需要一个巧妙的计划——这个游戏你最多可以和7个人一起玩。

海盗捉迷藏
作者：IWACKY, ALEX_CY 和 IS5MESAM

谁不喜欢玩捉迷藏的游戏？谁不喜欢当海盗呢？在这个小游戏里，你要么是躲藏的一方，要么是负责寻找的一方。躲藏的一方可以用迟缓效果、反胃效果和失明效果击中负责寻找的一方。除此之外，还有各种各样的增益道具可以使用。

抽象化的Minecon Earth
作者：JIGARBOV

JIGARBOV为Minecon Earth 2017创建了一张迷你版冒险挑战地图，看起来有点儿像《我的世界》的标志。2018年，他更新了一个全新的岛屿。你可以找到一种生存方法，挑战自我，收集每一种颜色的方块。游戏的乐趣增加了！

沙漠迷宫

斯科特给你设置了一个挑战。游戏开始时，你有20点生命值，还要穿过这个干旱的沙漠迷宫。每当你遇到攻击型生物或接触仙人掌，你就会失去一些生命值。你能找到一条路，让自己活着走出迷宫吗？你可以尝试着走不同的路，看看哪一条路能保障你的安全，让你保留最多的生命值。

和斯科特
一起迎接挑战

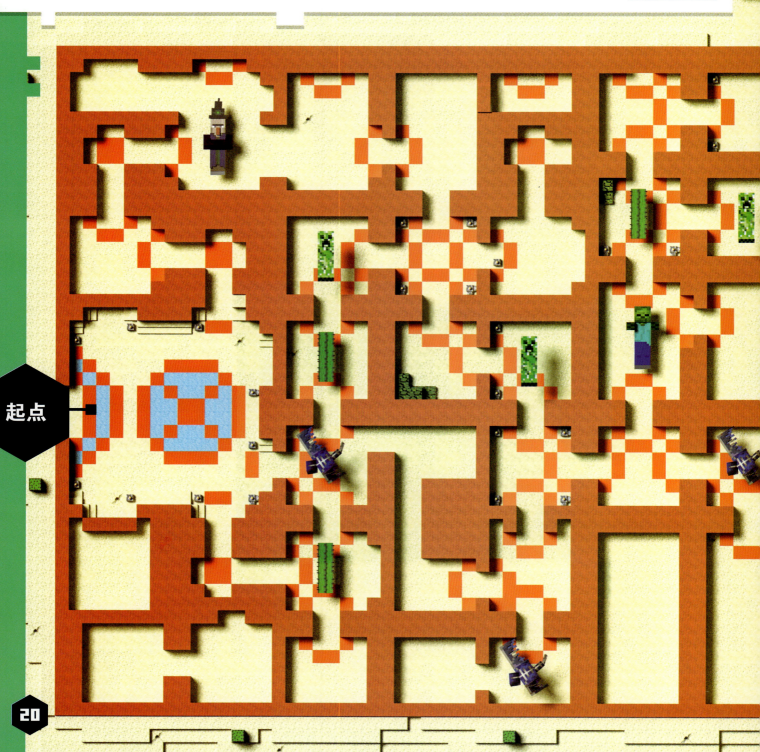

起点

要点提示：

遇到僵尸——生命值-3　　遇到幻翼——生命值-6　　接触仙人掌——生命值-1　　遇到女巫——生命值-6　　遇到史莱姆——生命值-2　　（如果遇到苦力怕，它会立刻杀死你，所以你只能避开它。）

终点

访问Mojang团队

在自然的状态下观察别人是我的爱好，所以当Mojang团队邀请我去他们的办公室采访时，我真是受宠若惊！以下是采访记录——我相信你也会发现他们是非常有趣的人！

蒙蒂的
专业介绍

Jeb

问：你在Mojang负责什么工作？

答：我是《我的世界》的首席创意官，为我们的团队提供游戏设计和指导。

问：你如何确定下一次更新包含哪些内容？你从社区得到反馈了吗？

答：我们举办研讨会，在研讨会上确定更新的主题。我们从Reddit（一个社交新闻网站）、Twitter（中文名为推特）和我们自己的反馈网站上得到了很多反馈。

问：你是否考虑过在游戏中加入第四个维度？那将是一个什么样的世界？

答：第四个维度这个话题经常被提起，但我们目前并不打算在游戏里加入第四个维度。

问：什么东西是你一直想要添加到《我的世界》中，但现在还没能添加的？

答：如果游戏中有了体形庞大的怪兽，那将非常有趣。但由于游戏运行方式的限制，目前还很难做到。也许将来可以实现这个设想。

地点
Mojang的办公室在瑞典斯德哥尔摩的一个非常隐蔽的地方。

马克·沃森

问：你在Mojang负责什么工作？

答：我是《我的世界》内容团队的负责人。我们还负责使用和维护社区创建的《我的世界》地图，以确保它们可以正常运行、易于理解并充满乐趣！我们玩过市场和Java版的Realms上的所有游戏。有时我们还测试新功能或者新游戏！

问：你最喜欢Mojang办公室的哪个地方？

答：办公室里我最喜欢的地方是大厅，里面有我们的厨房、乒乓球台和游乐中心！大厅里没有任何秘密，所以我们可以带朋友来，也可以在这个好玩儿的地方举办一些活动。

问：你最喜欢的《我的世界》的定制地图是哪一种呢？

答：我最喜欢的地图是renderXR创作的《不为人知的故事4：科罗娜城审判》，还有qmagnet创作的《多样性地图2》。喜欢《科罗娜城审判》，是因为这是一幅又长又漂亮的地图，它使用了《我的世界》在不同定制环境下的基本生存技能，目标很简单，就是找到和归还特定的书籍并将它们送回你的家乡基地的纪念碑。喜欢《多样性地图2》，是因为它向你展示了《我的世界》中所有可以使用的东西，当你在尝试完成游戏的不同分支时，你能以全新的、不同的思维方式来挑战自我。

问：你认为Mojang会有办公室宠物吗？那将是什么？

答：希望是不会让我过敏的东西，比如鬣蜥或者我办公桌上的羊驼毛绒玩具。

莉迪亚

问：你在Mojang负责什么工作？

答：我是品牌总监。

问：你喜欢怎样玩《我的世界》呢？

答：我在任天堂Switch上玩《我的世界》。我玩生存模式，而且通常一个人玩。我喜欢探索！

问：在《我的世界》中，你最喜欢的是什么生物？

答：在《我的世界》中，我最喜欢的生物是海豚！它们一直是海洋中我最喜欢的动物，所以看到它们最终进入游戏，我特别开心。

问：你希望《我的世界》接下来添加些什么？

答：我喜欢惊喜，期待我们优秀的研发团队决定添加到游戏中的新东西！

团队技能：

讲故事，开发游戏，测评游戏，提供社区支持，搭乐高积木，囤积周边产品……这个清单可以一直列下去！

《我的世界》

亚历克斯·威尔特希尔

问：你在Mojang负责什么工作？

答：我审读所有的文字。从书籍到T恤，从毛绒玩具到漫画，《我的世界》有这么多官方产品，多到让你感到惊讶！大多数产品都涉及某些国家或地区的语言。作为出版编辑，我的工作是确保这些文字正确地描述了《我的世界》的所有细节，使其完全符合标准。

问：为什么僵尸穿着和史蒂夫一样的衣服？你认为它们这么穿会成为玩家的一种古老文明吗？

答：假如曾经有一种人类的文明，所有人看起来都一模一样，你难道不觉得有点儿可悲吗？我不相信发生过这样的事，所以我的答案是否定的。我倾向于认为尽管这些僵尸头脑不清醒，但基本上都是史蒂夫的铁杆粉丝。它们太爱他了，想要看起来和他一模一样。遗憾的是它们想要接近它们的偶像，但某种程度上也伤害了他。

问：你最喜欢瑞典的什么？

答：无论你在瑞典的哪个地方，附近都会有水源！Mojang在斯德哥尔摩的办公室就在一条大河的旁边。湖泊和河流在整座城市纵横交错，甚至还有一些无人居住的岛屿！我非常喜欢这样的环境，这里还保留着一点儿自然的野趣。

问：你希望在游戏中加入什么食物呢？

答：我希望加入放了咖喱的食物。啊，咖喱的味道太诱人了！尝上一口，你的舌头就会被辣到，然后肚子也变得热乎乎的……真是美味佳肴！ 让我们试试看，在熟羊肉里加入佐料 （我说Jeb啊，就算在游戏里，我们也离不开辣椒）。哇，咖喱羊肉太好吃了！我的饥饿条一下子被填满了！

珍妮弗·哈默瓦尔德

问：你在Mojang负责什么工作？

答：我是商品团队的产品设计师，负责家居装饰、派对用品、文具和所有出版项目的设计工作。

问：谁建了末地城？

答：我想说末影人，但我不确定它们的动作是否足够协调。可能还是人类建了末地城。

问：你遇到过幻翼吗？当时发生了什么？

答：我只遇到过一次幻翼，这就足以让我吸取教训了。我在一个废弃的矿井里探索了好几天。当我终于回到地面时，我听到了翅膀扇动的声音，然后就看见了远处的幻翼。我试图逃走，但最后还是回到地下躲藏，直到第二天早上才出来。

问：如果你可以在《我的世界》中添加一个新的生物群系，你会添加什么呢？

答：我想填加一个彩虹生物群系。这里雨后会出现彩虹。在彩虹的尽头，你可以开采所有你能够带走的黄金，有时还能发现钻石。这个生物群系能够让所有的生物一直停留在幼年阶段，幼崽真是太可爱了。

乌·布伊

问：你在Mojang负责什么工作？

答：我是Mojang的首席内容官，所以我负责许多项目。这些项目大多与媒体或人们喜爱的其他类型的内容有关。这一切都始于2011年拉斯维加斯的MineCon。

问：我注意到Mojang办公室里有一个徽章，上面有一行拉丁语。怎么理解这句话？

答：这行拉丁语是"E Pluribus Ludum"，大意是"合众为一"。它提醒我，虽然在技术上《我的世界》是一款游戏，但它包含很多变化。玩家用很多不同的方式玩《我的世界》，而这些方式通常会被分成不同类型的游戏。他们能够在同一款游戏中、在同一个世界里拥有所有这些体验。

问：如果你被困在《我的世界》海洋中的一个小岛上，你希望你的物品栏里有哪5种方块或物品呢？

答：我最近也处于这种困境中，但幸运的是我能找到所需要的一切！我想带上木头。有了木头，我几乎可以脱离任何危险（特别是当我需要一艘船的时候）。我想要一根钓鱼竿，这意味着我不用为食物发愁，我还能用一根钓鱼竿钓到更多的钓鱼竿。我希望有一个不死图腾，因为我永远不知道什么时候能够用到它，海洋中可不会有什么林地府邸。另外，我还想带上一把钻石剑和一把镐。谁不想要这两样东西呢？

问：如果可以在《我的世界》中添加一个新的Boss生物，你的选择是什么？

答：我觉得让霸王龙当Boss生物一定很棒。它既带有毁灭性，又非常好玩儿，因为它的前肢实在太短了。还有一件重要的事，它应该是怒气冲冲的。否则，谁会畏惧一只快乐的霸王龙呢？

帕特里克·格德

问：你在Mojang负责什么工作？

答：我围绕《我的世界》开展业务，就是从玩家/社区的角度以及赚钱的角度，寻找适合开发的新产品或项目。它可能是另一款游戏，比如《我的世界：地下城》，或者是完全不同的其他游戏。

问：在MineCon 2017未入选的生物中，你希望把哪些添加到游戏中？

答：我不得不说，我的首选是幻翼，但它已经被加入游戏了……所以我会选择生物C——大胃王。选择它，是因为它太可怕了！它张开大嘴，潜入地下，伪装起来。因此，我希望玩家能拥有一些有用的伪装药水。

问：你最喜欢瑞典的哪种食物呢？

答：我最喜欢瓦伦堡野味。它是一种厚厚的、松软的汉堡包，由小牛肉、奶油、蛋黄和面包屑制成，配上土豆泥、豌豆和澄清黄油，真是太好吃了。

蒙蒂最喜欢的十种生物

《我的世界》中到处都是令人着迷的生物。有些生物是被动型的，有些生物是攻击型的。我认为它们身上都有值得欣赏的地方，即使是会爆炸的生物也是如此。以下是对我最喜欢的十种生物的简要描述（按喜欢程度从低到高排序）。

蒙蒂的
专业介绍

10 河豚

我特别喜欢这些傻乎乎的、圆圆胖胖的鱼。当你游得太靠近它们时，它们会膨胀起来；如果它们认为你对它们构成威胁，就会让你中毒。我在钓鱼的时候钓到过很多河豚，有一次犯了错误，差点儿吃了河豚的肉。我不建议把河豚当作食物。不过，你可以用它来酿造水肺药水。

8 唤魔者

拥有神秘力量的唤魔者住在巨大的林地府邸中，有时会从黑森林中走过。它们可以发动让人不寒而栗的尖牙攻击——凭空召唤一些尖牙，攻击玩家并对玩家造成伤害。它们还可以召唤三只恼鬼——这种飞行的攻击型生物非常危险。唤魔者拥有一种叫"不死图腾"的宝物。如果你击败唤魔者，不死图腾就会掉落。这个东西不止一次救了我的命！

9 狼

如果你能驯服这些喜怒无常的狼，它们就能成为很好的伙伴。这很容易做到——只要把骨头喂给它们，它们就会变得像狗一样听话。你让它们坐下，它们就会立马坐下，脖子上还会出现项圈。要是狼察觉到敌意并不停地嗥叫，你是可以分辨出来的——在这种情况下，你最好后退。

6 恶魂

哦，我真想用手摸摸恶魂，看看它是由什么构成的。不幸的是，我不擅长使用弓箭，所以我只能猜测。我想恶魂的身体里肯定全都是火，这样才能解释恶魂火球的由来！它们在下界飘浮时会发出一种奇怪的声音，这声音让我想起我曾经养过的一只猫……

7 末影人

你可以在《我的世界》的三个维度中发现这些让人着迷的末影人，但它们在末地是最常见的。请注意，它们不喜欢被别人盯着。如果你注视它们的眼睛，它们就会变得充满攻击性。末影人异常高大，还有许多令人印象深刻的特殊技能——可以随机移动方块，发出奇怪的颗粒效果，甚至似乎有自己的语言。

5 羊驼

如果你能忍受羊驼吐唾沫的行为，羊驼真的非常有趣。当玩家用拴绳牵引一只羊驼时，邻近的羊驼（无论是否被驯服）将会跟随这只羊驼，排成一行，并形成一支驼队，然后跟着领头的羊驼去任何你想去的地方。你可以让它们驮着箱子从而携带物品，给它们搭上不同颜色的地毯作为装饰，让它们变得五颜六色。这真是很不寻常！

4 海龟

海龟真了不起！它们可以在陆地和海洋中生存，但在海洋中长得更快。海龟从海龟蛋中孵化出来。当可爱的小海龟长大后，它们会掉落鳞甲——这是相当有用的东西，可以用来合成海龟壳。这种轻便的头部装备可以帮助你在水下呼吸，这意味着你可以花更多的时间和你的新朋友待在一起。

3 幻翼

　　我发现自己竟然被这些在空中飞翔的危险生物所吸引，这真是不可思议。幻翼喜欢把目标锁定在那些有一段时间没有睡觉的玩家身上。我承认，它们非常危险。然而，它们的飞行姿态很优雅。它们在目标的上空盘旋，然后伺机俯冲下去，在身后留下一缕烟。它们可以在阳光下燃烧。它们还会掉落幻翼膜，你可以用幻翼膜修复鞘翅。

2 猫

　　通常，你可以在村庄和村庄附近发现猫，猫是很好的伙伴。一旦被驯服，它们就会一直跟着你，甚至在你睡觉的时候也陪着你。睡醒之后，有时候你会发现你的猫还带回来一件小礼物。礼物可能是腐肉、线、兔子脚或者幻翼膜等。另外，苦力怕和幻翼不喜欢猫，所以当你旅行时，只要带上这个毛茸茸的伙伴，苦力怕和幻翼就会避开你。

1 熊猫

　　熊猫这种有趣的丛林生物是我最喜欢的一种生物。我在旅行中遇到过许多熊猫，与其他生物不同，熊猫的性格似乎各不相同——有懒惰的、顽皮的、忧虑的，甚至有些是好斗的。它们的共同之处就是对竹子的热爱。如果你手里拿着竹子，它们就会跟着你。它们私下里也很喜欢蛋糕，这是我有一天在丛林湖边野餐时发现的。当时，我一转身，发现一只棕色的熊猫正津津有味地吃着我新烤的蛋糕。它吃得满脸都是蛋糕！即使是这种违反野餐礼仪的行为，也不能减少我对这些熊猫的爱。我发现自己被它们迷住了。

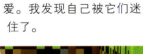

市场

《我的世界》的社区玩家非常有才华。你只需快速浏览一下市场，就会发现他们的想象力多么丰富。从与众不同的皮肤包到可以下载并访问的整个世界，都值得细细品味。下面是市场里最吸引人的东西，让我们一起大饱眼福吧。

斯帕克斯的
专业介绍

材质包

你想改变方块和物品的材质、改变《我的世界》里的生物吗？从这些有趣的材质包里挑选一下吧。

特别可爱的材质包
作者：我的世界
　　创建一个充满欢乐的世界，这里到处都是蹦蹦跳跳的兔子、可爱的独角兽、聪明的大黄蜂，还有……汉堡包！
　　这些东西使汉堡包更可爱了。

奥德赛-科幻资源包
作者：GALINGUEUR
　　到不久的将来去旅行，参观一个刚发现的星系！在一个充满奇怪的外星生物的神秘星球上建立一个空间站。

之字形材质包
作者：JAMIZZLE
　　这种材质包能给《我的世界》带来卡通化的改变，甚至可以把最可怕的怪物变成一张极其滑稽的漫画。

CHROMA HILLS 材质包
作者：SYCLONE工作室
　　让自己停留在一个明亮而又具有卡通风格魅力的中世纪世界里吧！这里不仅有中世纪主题的盔甲、工具和武器，还有一些非常可爱的动物可以陪你玩。

世界

进入自己精心建造的充满危险和奇遇的世界吧。

救援海兰提安人

作者：IMAGIVERSE

海兰提安人需要你的帮助！拯救城市，解放女王，保护水下王国。击败坏人，夺回城镇，在这场水上冒险中度过美好的一天吧。

背水一战

作者：Everbloom工作室

在这个迷你游戏中，你必须在10个竞技场中战胜蜂拥而至的生物幸存下来，或者在对战模式中成为生物的主人并控制各种生物。你既可以自己玩这个游戏，也可以和朋友们一起玩。

美食节

作者：CUBECRAFT GAMES

此次生成的景观设计看起来像是由不同种类的食物组成的。从巨大的奶酪金字塔到棒棒糖树，应有尽有。看起来太好吃了！

太空遗迹

作者：IMAGIVERSE

跳上飞船，在浮岛上搜寻失落的遗迹。你必须跟陌生的生物和危险的海盗对战。

深海怪兽

作者：NOXCREW

在这次更新的水上主题世界里，当你在深海里探索的时候，你有机会和Boss生物对战。

矮人采矿公司

作者：GAMEMODE ONE

这张探险寻宝图是由矮人工匠大师制作的，在收集矿石和战利品时，这张图可以帮助你对抗陌生的生物和巨大的Boss生物。

皮肤包

如果在下一次冒险开始之前，你想以全新的形象出现，就从这些皮肤包中选一个吧。

假日恐怖

作者：HOUSE OF HOW

万圣节和圣诞节在这个皮肤包里碰头了，而僵尸入侵了北极。你可以扮演僵尸圣诞老人、南瓜雪人等角色。

怪物！

作者：PIXEL²

在《我的世界》中，你可以扮成下界、末地和海洋中的各种生物！这款皮肤包功能强大，从溺尸到末影龙的所有东西都可以找到。

僵尸生存包

作者：HOUSE OF HOW

在这个游戏包中，你可以扮演僵尸或幸存者。从足球僵尸到医生僵尸，应有尽有，还有各种各样的幸存者角色。

混搭包

你想改变方块和物品的材质、改变《我的世界》里的怪物吗？从这些有趣的材质包里挑选一下吧。

怪物和机器人

作者：CYCLONE DESIGNS

探索一个巨大的岛屿，那里有一个被太空怪兽和机器人占领的秘密设施。除此之外，还有一个不明飞行物坠毁的地点有待探索。

埃及神话

作者：我的世界

穿着你所选择的埃及主题皮肤，穿过国王谷，通过致命的陷阱，探索古老的地下墓穴。

蒸汽乌托邦

作者：PIXEL 2

　　有了这个皮肤包，你就可以扮演各种各样的蒸汽朋克角色——从兽人到飞行员，各种角色应有尽有。

美食家

作者：57DIGITAL

　　把《我的世界》变成你最喜欢的一种食物！这个皮肤包里有巧克力、华夫饼、汉堡包、比萨饼等。

设计你自己的皮肤

　　为什么不试着设计自己的《我的世界》皮肤呢？把它画在这里吧。

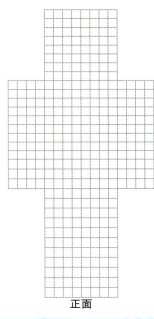
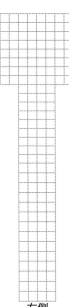

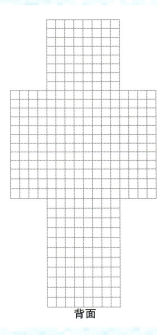
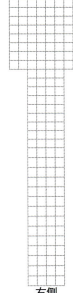

头顶　　　　　　正面　　　　　　左侧　　　　　　背面　　　　　　右侧

北欧神话

作者：我的世界

　　探索北欧神话中的九个世界，从斯瓦塔尔夫海姆的矿山到世界树的树梢都是你要探索的地方。在这个混搭包中，有手工雕刻的纹理和大量的皮肤可供选择。

城市建设者

作者：PATHWAY 工作室

　　收集材料，升级你的建筑，建造你自己的城市。这个皮肤包里有一张探险图、很好玩儿的皮肤和几百个自定义方块。

和Jeb玩
《你想要什么》

即使你和我一样是职业玩家，生存可能都是件棘手的事。我喜欢未雨绸缪，所以我经常考虑在困难的情况下我该做什么。在《你想要什么》游戏中，我向Jeb发起挑战。游戏中有不少颇有难度的生存场景。看看他的答案，然后自己回答每个问题。

贝尔的
专业介绍

问：要么只能开采方块但不能合成任何东西，要么只能合成东西但不能开采，你会选择哪一种玩法？

答：我选择能够合成东西，我想可以找到其他方法获得方块。

你的选择是：

....

问：你想要无限量供应的铁，还是50颗钻石？

答：为了我的无数信标，我会选择无限量供应的铁。

你的选择是：..........................

问：你会选择没有木头，只有无穷无尽的石头和矿石，还是有无穷无尽的木头，却没有石头和矿石？

答：没有工具或火把，我就走不了多远，所以当然要无穷无尽的木头！

你的选择是：

....

问：你愿意被困在下界还是末地？

答：我想在下界我可以玩得久一点儿。

你的选择是：

....

问：你愿意被困在沙漠还是积雪的冻原？

答：我选择沙漠，这样我可以建造一座玻璃城堡。

你的选择是：

....

问：你愿意和一只巨型鸡还是一只小苦力怕战斗？

答：巨型鸡听起来很好玩儿！

你的选择是：

....

问：你愿意被困在海平面上没法儿进入矿井，还是被困在地下？

答：我宁愿被困在海平面上，因为这样我能看到天空。

你的选择是：

....

问：你愿意吃腐肉还是生鸡肉？
答：我总是吃腐肉，但不会浪费生鸡肉。

你的选择是：

....

问：你希望没有动物还是没有敌对生物？
答：啊，我当然希望没有敌对生物。

你的选择是：

....

问：这里有一把弩和一把剑，你只能选其中之一。你会选什么？
答：我选择弩。只要我和敌人保持一定的距离，弩就比剑更有用。

你的选择是：

....

问：你愿意住在丛林神庙还是沙漠神殿？
答：我选择丛林神庙，因为森林实在太美了。

你的选择是：

....

问：你想拥有用不完的力量药水，还是用不完的治疗药水？
答：我选择用不完的治疗药水，因为它可以维持生命。

你的选择是：

....

问：你愿意在一个浮岛上重生，还是在海洋中的岛上重生？
答：海洋中的岛上。

你的选择是：

....

瑞典房屋建造挑战

和蒙蒂一起游览瑞典，参观了令人惊叹的Mojang办公室后，我开始构思传统的瑞典建筑。我在瑞典的乡村发现了许多红色的小房子，所以迫不及待地想为自己建造一座这样的房子！你为什么不试一试呢？

和斯帕克斯一起建造

1 位置

瑞典的乡村中有许多这样的传统木屋，所以我把房子建在森林中的空地上。

2 墙壁

瑞典传统的乡村房屋一般刷成红色（瑞典矿工收集红色颜料，并将其制成油漆）。游戏中没有红色的木板，所以我用红色混凝土来筑墙。

3 白色装饰

这些房子的门、窗和屋顶周围都有白色的装饰。我用玻璃板制作窗户，用白色混凝土做出窗户的轮廓。

4 屋顶

屋顶是三角形的，由红砖楼梯制成，模拟传统的橙色瓦片。

5 内部装饰

传统的瑞典房屋内部装饰很简单，所以我用木板做内部装饰。

瑞典房屋

⏱ 1小时　❶ ❷ ❸ ❹　难度：中等

和斯帕克斯
一起建造

需要一些帮助来把房屋的细节弄清楚吗？这张分解图展示了如何建造房屋的每个部分，包括内部。

建造
小提示

如果想让建筑外观呈现真正的瑞典传统风格，你可以把屋顶从墙的每一侧都向外延伸1格——这些悬在外面的屋檐可以挡雨，这样雨水就不会顺着墙壁流下来了。

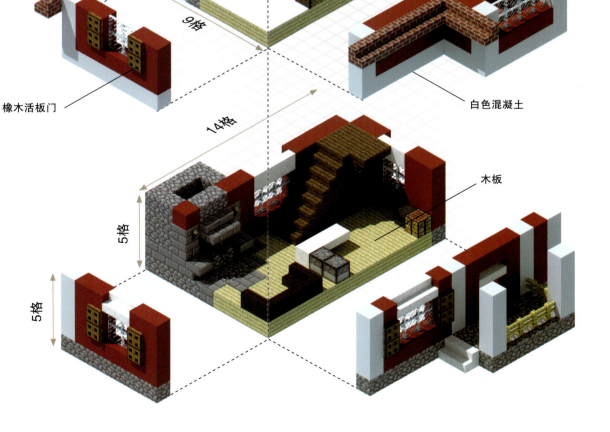

圆石

红色混凝土

红砖楼梯

红色混凝土

4格

9格

橡木活板门

白色混凝土

14格

5格

木板

5格

41

我的世界

Minecon Earth

斯帕克斯的专业介绍

　　2018年9月29日，来自世界各地的玩家在微软商店和自己的家里参加了Minecon Earth。从日本到墨西哥，全世界的粉丝用他们的母语对这次盛会进行了现场直播。让我们来看看这次盛会的精彩片段。

主持人

　　莉迪亚·温特斯和她的5位搭档——OMGChad、Aureylian、Yammy、Inittlewood以及Bigbstatz共同主持这次盛会。

服装大赛

　　三位入围者分别是鸡骑士服装的设计者、法国人利奥·伯纳德，兔子服装的设计者、美国人达夫尼·科，以及烈焰人服装的设计者、南非人米莎·库切。

生物群系更新

Mojang团队正在讨论下一步要更新哪个生物群系，并决定向社区开放投票通道。选项有针叶林、热带草原和沙漠。针叶林最终胜出，因此又加入了甜浆果丛、营火和狐狸这些游戏元素。

官方产品

这只可爱的绿色绵羊是为MineCon Earth 2018制作的官方产品中的一个，由才华横溢的J!NX（一个服饰品牌）团队制作。

现场直播

每位主持人都设计了一个特别的环节，从而充分发挥各自的优势，包括OMGChad的现场搭建游戏、Bigbstatz的渠道创建技巧，以及Yammy和化学家Kate的爆炸实验。

43

猫和熊猫更新

猫和熊猫的最新消息已经公布。猫的主人第一次看到猫的8种新皮肤，还非常高兴地得知他们可以给自己的猫设计第9种皮肤了。每只熊猫将会具有独特的个性特征，而且游戏中还添加了竹子，以便玩家制作脚手架。得知这些消息，每个玩家都很开心。

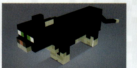

附加包

杰森·梅杰和阿德里安·奥祖拉克发布了新的附加包。它赋予玩家更多的能力，从而能够创造独特的生物。玩家可以添加属于他们自己的新的生物，而不仅仅是更换现有的生物。

村庄和掠夺更新

村庄和掠夺更新已公布。延斯和阿格尼丝解释说，每个村庄看起来都不一样，这取决于它所在的生物群系。他们详细地讨论了将要对建筑物、村民皮肤和村民行为所做的改变。而村民原本发出的悦耳的声音依然保留，这使每个玩家都很开心。新添加了邪恶的掠夺者，还有他们功能强大的弩。

《我的世界：地下城》

最令人兴奋的就是《我的世界：地下城》的发布。延斯·伯根斯坦和阿格尼丝·拉森简单介绍了一下地下城里的苦力怕。玩家非常开心地得知他们可以在全新的环境中与独特的生物以及Boss生物对战。

明年再会！

珊瑚工匠

在《我的世界》中，海洋里充满生机、五彩缤纷！但在现实世界中，海洋生物处于危险之中，珊瑚礁也正面临威胁。幸运的是，Mojang团队绘制了一张美好的蓝图！让我们来看看《我的世界》团队的珊瑚工匠再生项目是如何帮助扭转珊瑚礁减少的局面的。

蒙蒂的
专业介绍

问题

　　气候变化、过度捕捞和环境污染正在杀死地球上的海洋生物。我们美丽的珊瑚礁是200万种生物的家园，这200万种生物约占所有海洋生物的四分之一，它们正面临威胁。据世界自然基金会估计，近三分之一的珊瑚礁受损严重，无法挽救。如果这种情况持续下去，在未来几十年里，全球60%的珊瑚礁将不复存在。

再生工程

    Mojang团队制订了一项计划，在墨西哥科苏梅尔海岸附近建造6座生物岩石建筑，那里的珊瑚礁已经被猛烈的飓风破坏，或者出现了珊瑚白化问题。珊瑚白化是指当海洋温度过高或污染过重时，珊瑚排出藻类的过程。珊瑚白化后，变得很脆弱，容易感染疾病。

科级的结晶

    Mojang团队与一种令人兴奋的新技术——"生物岩"的创造者进行合作。生物岩使珊瑚的生长速度比正常情况快五倍。它是由钢制成的，并带有低压电荷。电流使石灰岩在钢上生长，而珊瑚在石灰岩上的生长速度比平常快得多。

最佳设计

你一定能认出前三个设计——亚历克斯、史蒂夫和一只海龟！

StacyPlays设计了一个由她的观众选择的图案——美人鱼狼！

全球社区共同决定了LogDotZip的设计——海龟蛋！

Rabahrex与墨西哥蒙特雷学院的学生一起设计了最终结构。获胜者是一只美西钝口螈，这是一种墨西哥本土的动物。你知道吗？如果美西钝口螈失去了一条腿，还可以长出一条腿。这真让人着迷！

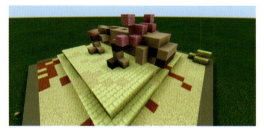

设计你自己的结构

你的生物岩结构是什么样子的？在下面画出来，为什么不采用游戏中的珊瑚重建生物岩结构呢？

49

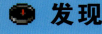

社区建筑

如果你需要建造方面的灵感，我建议你访问《我的世界》网站，浏览一下"文化"这部分。这里展示了Mojang选择的最佳社区建筑。以下是在过去的12个月中我们看到的给人深刻印象的建筑。

斯帕克斯的
专业介绍

遗忘
作者：RANGER_GILAN

受到水域更新的启发，RANGER_GILAN建造了这个神秘的水下景观。巨大的骷髅王坐在沉船上——对RANGER_GILAN来说，这是一次被遗忘的冒险，沉船的残骸已经沉入海底。看看那艘蝙蝠鲼船！

秋天的颜色
作者：AVERINE

自然爱好者们一定会对这张照片印象深刻——它捕捉到了仲秋落叶前那几周的美景。

一条蜿蜒的道路穿过秋天美丽的森林，树木之间隐藏着一些细节——如果你冒险离开这条路走一走，你会发现一座小木屋。AVERINE以富有想象力的方式来使用方块、创建细节，比如在红色的树叶之间点缀些许玫瑰丛，从而突显变化。在高高的树上放置枯萎的灌木给人以只有树枝、没有树叶的感觉。

那什格罗夫市图书馆
作者：DESTRUCTIVEBURN

　　DESTRUCTIVEBURN想建造一座建筑，使玩家在第一次进入这里探索的时候就不由得赞叹，而他成功地搭建了这座宏伟壮观的图书馆。令人惊奇的是，这座建筑的外墙竟然是用普普通通的泥土方块建造的。他想证明，只要使用得当，任何一个方块都会给人留下深刻的印象。这座图书馆的细节处理令人拍案叫绝——它的内部有复杂的墙壁装饰，地板上有许多不同的图案。最大的亮点在哪里呢？来看看图书馆的正中心——在巨大的玻璃穹顶正下方，是一个巨大的地球仪。

罗卡拉维亚
作者：MUSICAL_MYSTERY

　　这座巨大的城市有各种各样的建筑。MUSICAL_MYSTERY的灵感来自很多作品中虚构的城市，但他使用白色方块来代替普通的黑色方块。钟的表面和橙色的塔楼赫然从白色大理石中凸显出来。MUSICAL_MYSTERY花了大约五个月的时间来搭建这座建筑。在制作天使雕像时，他花了很多心思，下了不少功夫。这座城市到处都是曲线和圆，你注意到这一点了吗？用《我的世界》里的方块来建造这座城市，可不是一件容易的事！

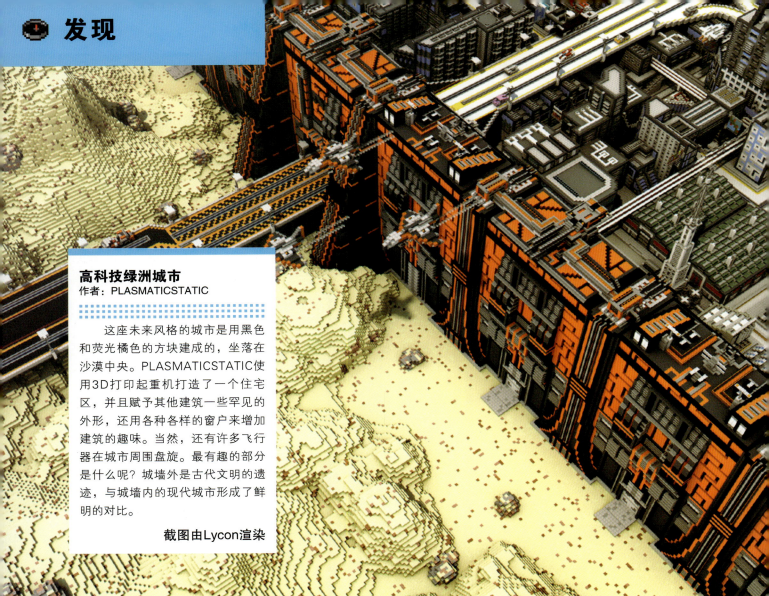

高科技绿洲城市
作者：PLASMATICSTATIC

　　这座未来风格的城市是用黑色和荧光橘色的方块建成的，坐落在沙漠中央。PLASMATICSTATIC使用3D打印起重机打造了一个住宅区，并且赋予其他建筑一些罕见的外形，还用各种各样的窗户来增加建筑的趣味。当然，还有许多飞行器在城市周围盘旋。最有趣的部分是什么呢？城墙外是古代文明的遗迹，与城墙内的现代城市形成了鲜明的对比。

截图由Lycon渲染

高山和村庄
作者：LMAOKI

　　受希腊悲剧和圣托里尼岛的启发，这个建筑探讨了一座有感情的山如何与人类互动。建造者LMAOKI的故事是这样的：这个岛和岛上的人类成了朋友。随着时间的流逝，一场战争爆发了，最终引发了一场大火，毁灭了这个岛屿和岛上的大部分人。为数不多的幸存者逃到附近的陆地上，但是很不幸，这个岛毁灭了。

雾中的岛屿
作者：BILLOXIIBOY

BILLOXIIBOY从才华横溢的社区成员那里收集了以自然为主题的建筑，并将它们汇集在一张地图上——雾中的岛屿。为了使每一座建筑都与另一座建筑紧密相连，使这个岛屿的各处看起来恰到好处，需要进行一些重建工作，这差不多用了两个月的时间。在这张令人印象深刻的地图上，你会发现巨型树木、珊瑚礁等很多东西。BILLOXIIBOY最喜欢的地方是法师池和天池，因为它们是如此平静。

化石之趣
作者：JEROEN

JEROEN决定建造一座满是恐龙化石的博物馆。他造出了所有常见的恐龙化石，包括霸王龙、三角龙、棘龙、剑龙等。最难建造的是剑龙，因为它有形成角度的骨质板。然后他把目光转向了空中的恐龙和水中的恐龙。最佳名字是"格扎尔科特鲁斯"（学名风神翼龙）。试着把它读出来，我们敢说你很可能读不对。

截图由SQUITY渲染

泅渡逃生

这是一种桌游。找一些喜欢水下探险的朋友一起玩，然后（在游戏中）跳入水中。玩家轮流掷骰子（年龄最小的先掷），然后在特定的图上前进。第一个到达陆地的人获胜。那么，你还在等什么？赶紧跳到水里吧！

和蒙蒂
一起迎接挑战

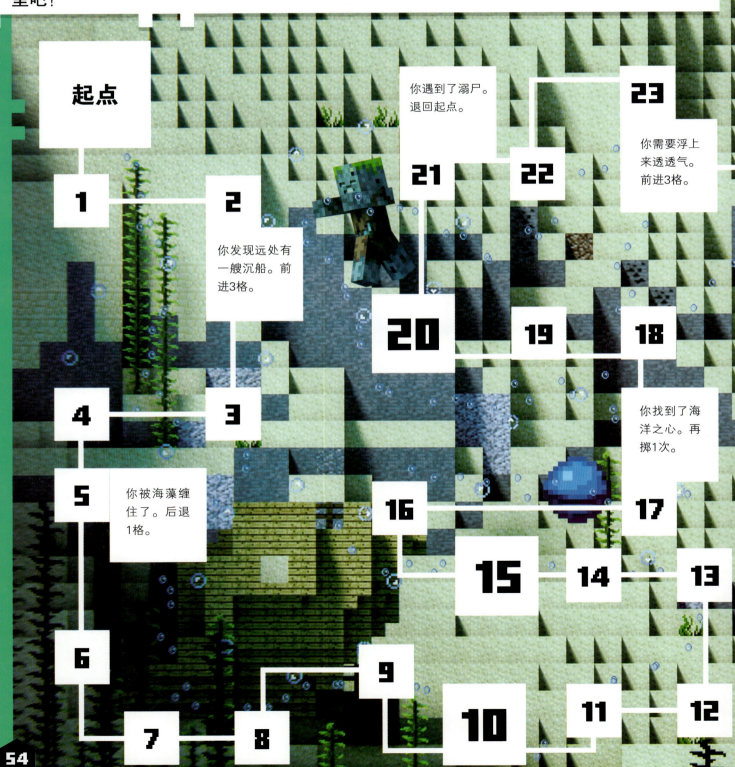

起点

1

2

你发现远处有一艘沉船。前进3格。

你遇到了溺尸。退回起点。

23

你需要浮上来透透气。前进3格。

21

22

20

19

18

4

3

你找到了海洋之心。再掷1次。

5

你被海藻缠住了。后退1格。

16

17

15

14

13

6

9

11

12

7

8

10

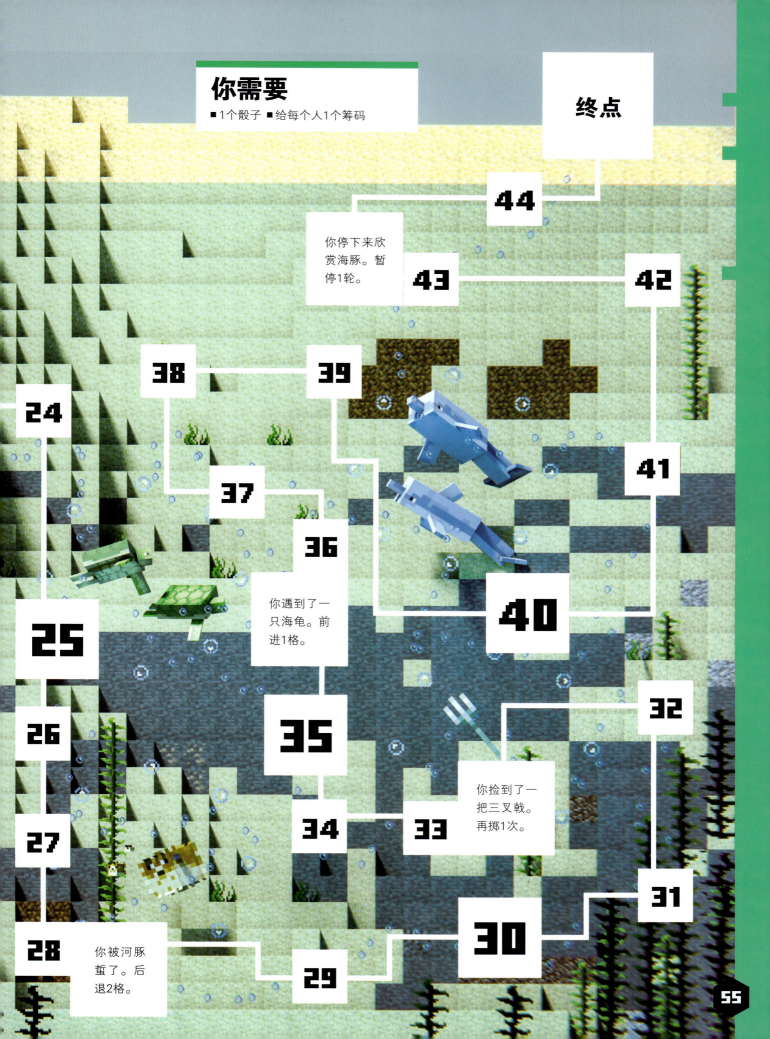

你需要

- 1个骰子
- 给每个人1个筹码

终点

44

43 你停下来欣赏海豚。暂停1轮。

42

38 **39**

41

24

37

36 你遇到了一只海龟。前进1格。

25

40

32

26 **35**

你捡到了一把三叉戟。再掷1次。

34 **33**

27

31

28 你被河豚蜇了。后退2格。

30

29

珊瑚礁挑战

啊，多么美丽的珊瑚礁啊，充满了生机！想测试一下你的观察能力吗？观察图片，然后把它遮起来，不能再看图片，试着回答下面的问题。祝你好运！

和蒙蒂一起迎接挑战

1 图中有多少只海龟？

2 你看到了多少只海豚？

3 图中有红珊瑚吗？　有　　没有

4 你看到了哪
种鱼?

5 图中有多少
具溺尸?

找不同

和斯帕克斯
一起迎接挑战

任何一位生存专家都知道，了解周围的环境至关重要。让我们来测试一下你对细节的关注程度！斯帕克斯在树林中建造的这两座房子有十处不同。你能把它们都找出来吗？

答案见第64页。

配对

欢迎来到我的工作坊。这里有我收集的所有方块和物品！大部分东西我都收集了两份，但是其中有一种方块或物品不是成对的。你能找到它吗？请标出成对的方块和物品，直到剩下最后一个方块或一件物品。

和斯帕克斯
一起迎接挑战

寻宝

为什么不召集你的朋友们来一次寻宝之旅，为所有的寻宝活动画个句号呢？没错，这个游戏中的挑战一定会让他们绞尽脑汁，为了发现宝藏全力研究线索。

和斯科特一起迎接挑战

1 宝藏

最好倒过来设计这个寻宝游戏，因此要从宝藏本身开始。你需要一个箱子，但是在里面装些什么完全取决于你自己。黄金是宝藏的最佳选择，但是不易得到。金矿石通常只出现在世界的32层以下，而且只能用铁镐或钻石镐开采。要是挖到了金矿石，你可能会想在熔炉里熔炼金矿石，从而合成金锭。

 ➡

金锭的合成配方

其他可以放进你的藏宝箱的珍贵物品还有末影珍珠、钻石矿石和绿宝石矿石。

2 地点

现在你已经收集了一些光芒璀璨的珍宝，你需要将其埋藏起来。沙滩是非常好的藏宝之地，当然能埋在小岛上就更好了。洞穴系统也是藏宝的好地方，没有什么可以阻止你把你的宝藏放在任何你喜欢的地方——即使是把宝藏放在海底也没问题！

5 藏宝图

你寻找的最后线索是一张藏宝图。想合成一张藏宝图，需要在中间放一个指南针，周围放8张纸。记住，你的藏宝图不会显示整个《我的世界》，只会显示你所在的区域。所以当你合成藏宝图时，要站在离你埋藏的宝藏很近的地方。主要的建筑物都

应该在你的藏宝图上显示出来，若是你的标记点X足够大，那么任何发现藏宝图的人都能找到你的藏宝之处。

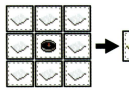

藏宝图的合成配方

3 用字母X做记号

在此处放置字母X，看起来像是要终止游戏。但你现在需要用红色羊毛或火把制作一个巨大的X，放在宝藏的正上方，这样它就会出现在地图上。不要忘记在步骤5之后销毁你的X！

前进10格，向右移动30格，然后向上看。

4 线索

你不要直接给你的朋友一张藏宝图——那样就太容易了，让他们四处寻找线索才有趣。最后一条线索才应该是藏宝图，其他线索可以是告示牌。你可以用木板和木棍来制作告示牌。在每个告示牌上，你只能写4行字，所以你所提供的线索必须简洁而含义深刻！

告示牌的合成配方

6 他们出发了！

现在，你拥有宝藏、藏宝图和含义隐晦的线索。现在你只需找一些喜欢冒险的朋友和你一起迎接挑战就行了！祝他们好运！

掉落物小测验

暂时抛开一切，用这个掉落物小测验来测试一下你对《我的世界》中的知识的掌握吧。你可能认为自己对游戏里的怪物和方块无所不知，但是你能把每个掉落物都放回原处吗？注意，有的东西为稀有掉落物！

和蒙蒂
一起迎接挑战

答案见
第64页。

再会

再会，2019年！
非常感谢你陪我们
一起度过2019年！

你好，2020年！这是非常重要的一年，还有更多的事情等着我们去做。我们已经准备了一些非常特别的东西，来确保新的一年不会辜负2019年的期盼！这是一个承诺！继续建造我们的世界吧！

亚历克斯·威尔特希尔
Mojang团队

答案

20—21页
有几条路可以穿过迷宫，但这条路能让你在成功穿过迷宫后保留最高的生命值。

58页

59页

62—63页
A-5，B-15，C-11，D-4，E-7，
F-13，G-6，H-10，I-1，J-3，
K-2，L-9，M-12，N-8，O-14

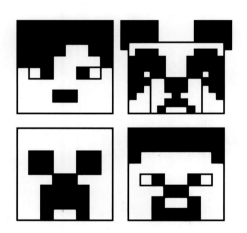

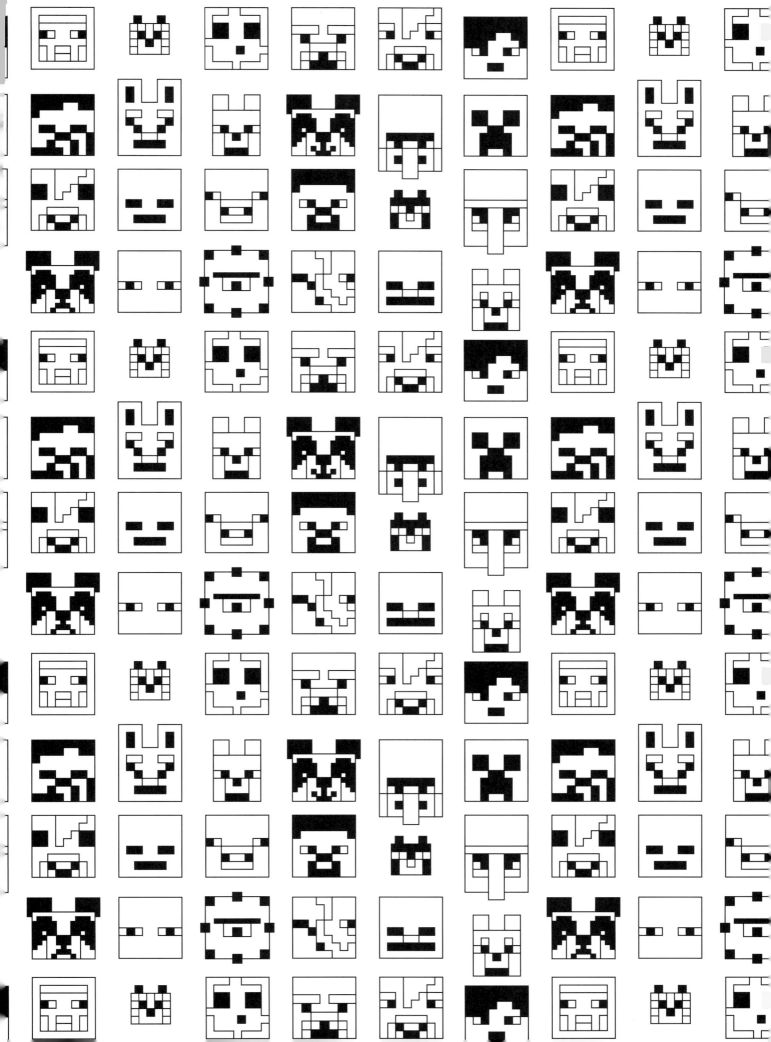

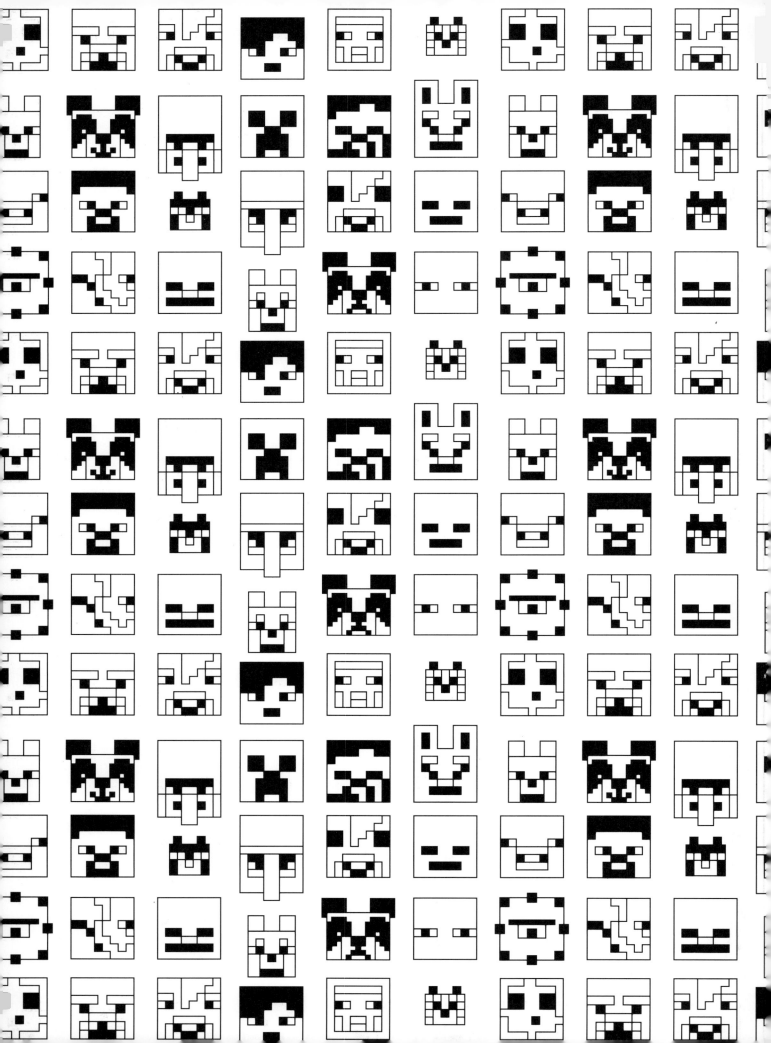